Sarah Spieler

Lieblings-kunst

Kreative Projekte für Hort, Schulkindbetreuung und Ganztagsschule

HERDER

FREIBURG · BASEL · WIEN

MIX
Paper from
responsible sources
FSC® C010798
FSC
www.fsc.org

www.herder.de

Gesamtgestaltung und Satz: Sabine Ufer, Leipzig
Fotos im Innenteil: Sarah Spieler, Freiburg

Herstellung: Graspo CZ, Zlín
Printed in the Czech Republic

ISBN 978-3-451-39088-3

Inhalt

Herzlich willkommen!

Schön, dass Sie „Lieblingskunst" in Händen halten. Ich möchte Sie mit diesem kleinen Booklet erMUTigen, mit Kindern kreativ zu werden! Eigentlich ist das ganz einfach, denn Kinder sind perfekte Neugierologen: erkunden, ausprobieren und verändern, träumen, forschen und experimentieren – das muss man ihnen nicht beibringen. Kreativität ist ihnen in die Wiege gelegt. Daher geht es mir zuallererst um **Ihre** Begeisterung für kreative Projekte, die meiner Erfahrung nach Kindern viel Spaß machen.

Unterwegs werden Ihnen auch mal berühmte Künstler begegnen wie Jackson Pollock oder Max Ernst. Und das, weil sie so herrlich um die Ecke denken konnten und viel kreatives Potenzial im Alltäglichen entdeckt haben. Genau dazu möchte ich auch Sie einladen: Pädagogische Fachkräfte in der Schulkindbetreuung, im Hort oder der Ganztagsschule, Lehrkräfte oder Sozialarbeiter – alle Erwachsenen, die Kinder begleiten, betreuen und erziehen, finden in diesem Buch einen bunten Fundus, im beruflichen (und privaten) Kontext gemeinsam mit Kindern kreativ zu werden. Ich habe für Sie **einfache, überraschende und außergewöhnliche** Ideen, Angebote und Projekte ausgewählt. Praxistipps für eine gelingende Umsetzung in Ihrem Alltag runden das Angebot ab.

Ich freue mich auf neugierige Erwachsene, die Kinder begleiten, begeistern und befähigen wollen – und die die Motivation und den Mut haben, bei und mit Kindern kreatives und künstlerisches Gestalten zu fördern und so Spuren zu hinterlassen.

Sarah Spieler

Warum künstlerisches Gestalten für Kinder so wichtig ist

Mit den Händen die Dinge er-fassen, die Welt sinnlich erfahren, mit Materialien, Farben und Gegenständen experimentieren, sich ausprobieren, eigene Ideen sichtbar machen und Neues gestalten: Kinder erleben in kreativen Projekten vor allem sich selbst und ihre Welt.

Das kreative und künstlerische Gestalten mit verschiedenen Materialien und Techniken, angeregt durch Impulse und Aufgaben, fördert soziale, emotionale, motorische sowie kognitive Kompetenzen auf vielfältige Weise. Ohne Vorgaben, Vorlagen und festgelegte Abläufe erleben sich die Kinder im Tun, in ihrem individuellen und persönlichen Ausdruck. Der Prozess und auch das Ergebnis sollten bewertungsfrei sein – und können den Kindern einen Erlebens-, Lern- und Erfahrungsraum jenseits formaler Lerninhalte bieten.

Kurz gesagt: Kopf aus – Sinne an! Das kann Entspannung, Ruhe und Fokus hervorbringen und im gleichen Maße bewegend, actionreich und ein Fest für alle Sinne sein.

Die kreativen und künstlerischen Ideen in diesem Buch richten sich vor allem an Kinder im Grundschulalter von 6–10 Jahren, wobei die Impulse in angepasster Form auch für Kinder zwischen 3–6 Jahren oder auch Jugendliche genutzt werden können. Hier kommt es selbstverständlich auf die altersgerechte Hinführung und Umsetzung sowie die passende Begleitung an.

Vielfältig kreativ werden mit allen Sinnen

Sie finden im Folgenden variabel einsetzbare Ideen und Impulse:

- Kurze und kleine **„Häppchen"**, die ohne viel Vorbereitung spontan kreativen Schwung in den Tag bringen,
- **Ideen,** die über mehrere Tage und Wochen immer wieder präsent sein können
- sowie **größere Aktionen,** die ideal sind für Projekttage oder die Ferienbetreuung.

Auf eine Schritt-für-Schritt-Anleitung wurde verzichtet. Probieren, experimentieren, testen Sie und machen Sie sich – gemeinsam mit den Kindern – die Idee zu eigen und „übersetzen" sie diese passend in Ihren Alltag. Da sind auch überraschende Lösungen gefragt!

Die Ideen und Impulse in diesem Buch haben jeweils einen unterschiedlichen Fokus: mal steht das Schöpferisch-Kreative im Vordergrund, mal ist handwerkliches Geschick gefragt oder es geht um sinnlich-spielerisches Erleben. Was alle Angebote verbindet, ist ein offener, fragender, experimenteller, kreativer Blick auf die Dinge, Materialien und Themen – der die pädagogische Grundhaltung der Erwachsenen vorgibt. Es geht darum, Kindern vielfältige Möglichkeiten für freies und experimentelles Gestalten in ihrem Alltag zu bieten – und ihnen bestenfalls bestärkende und begeisternde Erlebnisse im individuellen Tun auf ihren Lebensweg mitzugeben.

In den folgenden vier Kapiteln finden Sie einen bunten Strauß kreativer, künstlerischer Ideen: Den Auftakt machen Zufallstechniken, die im freien Spiel mit Farbe und Gegenständen erprobt werden können. Alles unter dem Motto: **Spuren hinterlassen.** Im Kapitel **Das Glück suchen** finden Sie positive und sinnvolle Impulse, die das Miteinander in der Gruppe und mit anderen beleben und stärken. Das dritte Kapitel knüpft an die Neugier der Kinder an und ihr Talent zum Suchen und **Sachen finden**: Es bietet allerlei bunte und pfiffige Umsetzungsideen zum Kreativ-Werden mit Fundstücken und Alltagsgegenständen. Im letzten Kapitel schließlich, **Neue Blicke wagen,** begegnen Ihnen Materialien und Ideen aus der eigenen Schulzeit oder dem tagtäglichen Spielen, Gestalten und Erleben der Kinder – in neuem, überraschendem Gewand.

WISSEN KOMPAKT & PRAXISTIPPS

Zwischen den kreativen und künstlerischen Ideen finden Sie in einem **Wissen kompakt** Eckpunkte für kreativitätsförderndes pädagogisches Handeln. **Praxistipps** bieten Ihnen Inspiration und Unterstützung bei Hinführung, Umsetzung und Begleitung der Ideen und Projekte, beispielsweise Impulse für passende Zugänge für (zweifelnde oder unmotivierte) Kinder oder auch besondere Ausstellungs- und Präsentationsformen.

HINWEISE ZUR MATERIAL-AUSSTATTUNG

Vielseitiges, neugierig-machendes und (noch) unbekanntes Material spricht Kinder besonders an und macht Lust aufs Experimentieren, auf kreatives Tun und künstlerisches Gestalten. Eine praxiserprobte Kombination um – trotz begrenztem Materialbudget – eine vielseitige, ausgewogene Auswahl an tollen Materialien zu haben, ergibt sich aus dem S-Dreiklang: „Sammeln, Schnäppchen, Schätze“:

Sammeln: Trainieren Sie Ihren Blick und den anderer für die kostenlosen „Schätze“ des Alltags (Recycling-Gegenstände, Fundstücke, Verpackung etc.); stellen Sie Sammelkisten im Haus bereit, dazu eine Sammelliste. Begeistern und beziehen Sie Kinder, Kollegen, Lehrkräfte, Hausmeister und Eltern ein (siehe Praxistipp S. 42 f.: Ein Recycling-Materiallager anlegen).

Schnäppchen: Beim benötigten „Sammelsurium“ wie Bastel-Utensilien (Federn, Glitzersteinche etc.) dürfen es Schnäppchen sein, z. B. aus dem 1-Euro-Laden oder dem Saison-Ausverkauf nach Weihnachten.

„Schätze“: Achten Sie bei der Auswahl von Malutensilien wie Acrylfarben, Wachsmalkreiden oder auch speziellen Papiersorten für gezielte Malaktionen auf gute Qualität. Fragen Sie im lokalen Fachgeschäft nach Vergünstigungen.

Die benötigten Materialien für die Angebote in diesem Booklet sind jeweils an Ort und Stelle aufgeführt. Hinweise zu einer Material-Grundausstattung in Ihrer Einrichtung sowie eine erweiterte Materialliste stehen zum Download bereit unter www.herder.de/extras

Spuren hinterlassen – Zufallstechniken mit Farbe

In diesem Kapitel dreht sich alles um die Freude am Ausprobieren: entdecken, Strukturen sammeln, Freude an der Bewegung erleben. Geben Sie mit Papier, Malwerkzeug und passenden Impulsen den Rahmen. Was dann passiert, bleibt dem kreativen Zufall überlassen! Die bunten Werke können anschließend wunderbar in Papierprojekten weiterverarbeitet werden und machen Postkarten, Briefumschläge, Geschenkpapier, Buchumschläge und Anhänger zu individuell gestalteten Hinguckern.

Kritzel-Gemeinschaftswerk

Die Idee: Erinnern Sie sich an die Toilettenwand-Kritzeleien während Ihrer Schulzeit? Geben Sie diesen kleinen, (scheinbar) belanglosen, spontanen Botschaften, kleinen Zeichnungen einen Platz! Dazu reicht es, eine große Papierfläche oder Schultafel beispielsweise im Flur an der Wand anzubringen.

- **Material:** großflächiges Papier (ca. 130g/qm) oder Schultafel; Malstation: Stifte, (Wachsmal-)Kreide; Kleber / Tape, Schere; Papierschnipsel, Wolle etc.

Los geht's!

Auf der Fläche können die Kinder nach Lust und Laune „im Vorbeigehen" oder nach Beendigung der Hausaufgaben Spuren hinterlassen: kritzeln, zeichnen und doodeln, sich vorstellen, Zwiegespräche auf Papier beginnen, besondere Fundstücke oder Komplimente zum Mitnehmen anbringen – der Fantasie sind keine Grenzen gesetzt!

Tipp: Bringen Sie als Anregung kleine Botschaften, Aufträge oder Fragen an wie: „Worauf bist du stolz?", „Dein Fundstück der Woche" oder „Zeichne dich mit deiner Superkraft" etc.

Hinweis: Dieser offene und freie „Spielplatz" braucht einen klaren Rahmen: Klären Sie gemeinsam mit den Kindern die Verhaltensregeln auf der Gemeinschaftsfläche. Kinder haben ein gutes Gespür, welchen Umgang sie für ihre eigenen Werke wünschen und welche Worte und Symbole nicht auf dem Blatt / der Tafel landen sollen. Anders als beim eigenen Bild ist hier Weitermalen, Antworten und Verändern erlaubt und erwünscht! Eine neue Erfahrung für viele Kinder, die Übung und selbstverständlich manchmal Moderation wie auf dem Spielplatz braucht.

Action Painting

Die Idee: Mit der spontanen Malerei, angelehnt an den Künstler Jackson Pollock, entstehen extravagante Einzel- und Gemeinschaftswerke auf großflächigem Papier. Mit verschiedensten Hilfsmitteln wird Farbe frei und experimentell auf den Malgrund gebracht: tropfen, spritzen, tupfen, klecksen, kritzeln, wischen, walzen, verreiben, kratzen, verfließen lassen – Farbe und Mensch kommt beim Schaffensprozess bunt in Bewegung.

- **Material:** Acrylfarbe / Wandfarbe (auch Reste); Malerkleidung; mehrere A1-Papierbögen, Tapeten- oder Zeichenpapierrolle 130 g/qm; Bauplane, Folie oder Malerflies als Unterlage, Malerkreppband; Joghurtbecher / Dosen; Cuttermesser, Lochzange; evtl. kleine Stöcke, Walzen, Murmeln / kleine Bälle etc.

Vorbereitung

- **Passenden Ort auswählen:** Geeignet ist ein Platz in der Werkstatt oder (bei stabilem Wetter) draußen auf der Wiese. Achtung: Denken Sie daran, einen Lagerungsort für die Trocknungs-Phase der Werke (1–4 Tage) zu finden.
- **Maluntergrund vorbereiten:** Plastikplane oder Malerflies als Unterlage mit Malerkrepp auf dem Boden befestigen.
- **Malfläche schaffen:** Auf dem Malgrund 1–3 Bahnen der Zeichenpapierrolle auslegen, mit Malerkrepp aneinander und auf der Plane befestigen. Je dicker und stabiler das Papier, desto mehr Farbe darf aufgetragen werden. Achten Sie darauf, dass genügend „Spritzschutz" um die Malfläche herum vorhanden ist.
- **Farben bereitstellen:** Schneiden Sie jeweils ein kleines Loch in den Boden von Bechern / Dosen. Farben mit etwas Wasser verdünnt in großen Behältnissen als Nachfüllstation bereitstellen: Hier wird die Farbe in die kleinen Behältnisse gefüllt (das machen die Kinder selbst oder Sie reichen sie ihnen an) und zum Malgrund transportiert.

Hinführung: Es lohnt sich, vorab mit den Kindern auf kleineren Flächen mit Farbe zu experimentieren und dann gemeinsam zu besprechen, wie das große Gemeinschaftswerk entstehen soll: Wie gehen wir vor? Welche Farben wählen wir aus („Weniger ist mehr")? Wie gestalten wir den Ablauf: Wer ist wann aktiv, wann Zuschauer? Mit welchem „Werkzeug" starten?

Los geht's!

- Die kleinen, mit Farbe gefüllten Behältnisse so halten, dass ein Finger wie ein Stöpsel den Farbdurchlauf am Loch im Boden kontrolliert und die Farbe auf den Malgrund tropfen.
- Mit kleinen Stöcken die Farbe aus dem Becher/Dose aufnehmen und aufs Papier tröpfeln.
- Die Becher/Dosen wie eine Blumenampel an Schnüren befestigen und mit Farbe gefüllt über dem Papier in Bewegung bringen.
- Ist das große Gemeinschaftswerk getrocknet, kann es als Ganzes im Flur aufgehängt werden. Kleine Ausschnitte können für die (Weiter-)Gestaltung von Papeterie genutzt werden.

Variante: Jedes Kind bekommt eine Leinwand (günstige Alternative: Karton), die als große Fläche wie ein Mosaik ausgelegt und von allen als „Action-Painting-Spielplatz" gestaltet werden kann. So hat danach jeder einen Teil der gemeinsamen Aktion in Händen.

Wissen kompakt

Kreativität ermöglichen und fördern – Eckpunkte für pädagogisches Handeln

Kreativität kann durch Impulse und Ideen, Materialien und spannende (neue) Techniken, vor allem aber durch eine wertschätzende und bestärkende Begleitung ermöglicht und gefördert werden. Wie Kinder Kreativität erfahren und erleben dürfen, hängt maßgeblich von der Haltung und dem Handeln der erwachsenen Begleitpersonen ab. Die unten aufgeführte Übersicht kann Ihnen grundlegende Orientierung bieten. Es ist ein Rahmen für Ihr pädagogisches Handeln zur stärkenden Begleitung von Kindern in ihrem kreativen Tun und künstlerischen Schaffen.

Zugewandt und wertschätzend begleiten

Eine zugewandte Begleitung, Wertschätzung und Ermutigung, eine positive Fehlerkultur sowie Raum und Zeit, sich und eigene Ideen auszuprobieren, sind essentielle Bausteine bei der Begleitung und Erziehung von Kindern – nicht nur im kreativen und künstlerischen Tun.

Die eigene „kreative" Biografie reflektieren

Wo hatten Sie positive / negative Erfahrungen mit dem eigenen künstlerischen Schaffen? Was und welches Verhalten von Erwachsenen hat Sie geprägt? Das Sich-bewusst-Werden der eigenen „kreativen" Biografie und die damit verbunden Erfahrungen, Möglichkeiten und Prägungen sensibilisiert Sie für die Begleitung der Kinder.

Auf Augenhöhe agieren

Durch das Beobachten und Begleiten von Kindern haben Sie die Möglichkeit, Ihre Freude am kreativen und künstlerischen Tun (wieder) zu entdecken, neue Varianten von Kreativität zu (er)leben und gemeinsam mit den Kindern daran anzuknüpfen.

Den eigenen Entdeckergeist spüren

Bewahren Sie Ihre Neugier, Ihren Mut, Ihre Offenheit und Experimentierfreude: Das bedeutet, auf Augenhöhe mit dem Kind neugierig zu fragen, den eigenen Entdeckergeist zu spüren und gleichzeitig eigen-sinnige Wege des Kindes „auszuhalten", diese wertschätzend zu begleiten und so Individualität und Selbstständigkeit zu fördern.

Ansprechpartner und Begleiter sein

Sie müssen weder „Alles-Könner" noch „Alles-Wisser" sein. Betrachten Sie es als Chance und Bereicherung, Kinder bei ihren „kreativen Lernmomenten" zu begleiten: Sie dürfen Rahmen- und Raumgeber für sinnliche, kreative, künstlerische, handwerkliche, experimentelle Erfahrungen sein.

Prozessorientiert handeln

Legen Sie verstärkt den Fokus auf den Prozess und das Erleben statt auf Ergebnisse: Viel wichtiger als ein „schönes Werk" ist die Wertschätzung für den Weg dahin. Kinder können darin bestärkt werden, den Blick darauf zu lenken, *wie* sie die Dinge erleben, sehen oder gestalten. Machen Sie zudem Gestaltungsprozesse sichtbar, indem sie das Erleben, besondere Erkenntnisse und Forschermomente von Kindern z. B. in Form von Fotos, Sammlungen oder in kleinen Texten festhalten.

Kinder beteiligen

Beteiligen Sie die Kinder, wann immer und wo möglich. Ästhetische Wahrnehmung wird nicht nur bei der Materialerkundung und Umsetzung von künstlerischen Projekten sensibilisiert, sondern auch bei der Auswahl und der Ausstellung von Geschaffenem geschult. Planen Sie hier genügend Zeit ein! Ideenfindung, Abstimmungsprozesse, Variationen der Impulse sowie die Präsentation mit Kindern brauchen Zeit.

Alle Kinder einladen

Überdenken Sie Aufbau, Materialien und Ausstattung des Kreativ-Angebots in Ihrer Einrichtung. Bieten Sie einen einladenden Zugang für *alle*

Kinder! Mädchen basteln, Jungen bauen? Facettenreiche Materialien und vielfältige Impulse zum Bauen, Werkeln, Basteln, kreativen Experimentieren und Forschen eröffnen die Möglichkeit, dass *individuelle* Vorlieben, Interessen und Fähigkeiten der Kinder Raum bekommen. Jedes Kind bringt etwas anderes mit – seien Sie offen und lassen Sie sich immer wieder begeistern!

Inspirierende Impulse anbieten

Kinder brauchen keine Beschäftigungsangebote! Allerdings braucht es (in Einrichtungen) eine Begleitung, die ihnen neue Anreize und inspirierende Impulse anbietet, aus denen sie auswählen können. Erlebnis- und prozessorientiert sowie lösungsoffen sollten die Angebote oder Aufträge sein (wie die meisten der in diesem Booklet vorgestellten Kreativimpulse, insbesondere die Arbeit mit „Zufallstechniken"). Ob freie oder begleitete Angebote – geben Sie Kindern Material, Raum und vor allem Zeit für ihr kreatives Tun.

Abwechslungsreiche kreative Räume schaffen

Schaffen Sie in Ihrer Einrichtung (drinnen wie draußen) ansprechende Zugänge zu kreativen Räumen, die die Sinne anregen, variabel und gestaltbar sind. Stehen den Kindern abwechslungsreiche Materialien, (un) bekannte Dinge, gesammelte Alltagsgegenstände sowie wertige Kunstutensilien und Werkzeuge zur Verfügung, schafft das vielseitige Anreize. Mit Neugier und Lust aufs Ausprobieren werden die Kinder sich immer wieder mit „den Dingen" auseinandersetzen. Passende Ideen und Impulse können ihr kreatives Experimentieren vertiefen und ihm Tiefgang und Varietät geben.

Kunstwerke aus Strukturen

Die Idee: Die von Max Ernst in die Kunstwelt eingebrachte „Frottage" (frz. frotter = (ab)reiben) ist eine Technik, bei der ein Material unter ein Blatt Papier gelegt und auf der Oberfläche des Papiers mit einem Stift abgerieben wird, bis die Struktur bzw. die ganze Form sichtbar wird.

- **Material:** reliefartiges Naturmaterial / Haushaltsgegenstände (Münzen, Schlüssel, getrocknete Blätter, Baumrinde, Reibe oder Sieb, Muscheln, Schuhsohle, Wollfäden etc.); Papier; weiche Bleistifte / Graphitstifte, Wachskreideblöcke; evtl. Fixativ / Haarspray

Los geht's!

- **Die Technik ausprobieren:** Ein Sammelsurium an Gegenständen auf dem Tisch lädt zum „Frottieren" ein: Das Papier auf die Gegenstände bzw. Flächen legen und mit regelmäßigen Bewegungen darüberrubbeln; dabei den Stift schräg halten, so, dass die Breitseite darübergleitet.
- **Unterwegs auf Strukturen-Jagd:** Welche besonderen Flächen und Strukturen entdecken die Kinder rund um die Betreuungs- oder Schulräume? Papier und Stift mitnehmen und ausprobieren: auf Kopfsteinpflaster, Raufasertapete, Holz am Klettergerüst etc. Jedes Kind bringt seine drei interessantesten Flächen mit, die gemeinsam gesichtet werden. Es entsteht ein „Oberflächen-Katalog".
- **Fantasiewesen:** Als Frottage-Bild aus mehreren Objekten können Fabelwesen, Gespenstisches, besondere Tiere und Insekten oder Landschaften entstehen: Beispielsweise wird eine Münze zum Auge und ein Muster (raue Holzstruktur) zum Flügel eines Fantasievogels. Dazu können vorab feine Hilfslinien mit Bleistift Orientierung geben, wie groß die zu füllenden Flächen sind. Jüngere Kinder oder solche, denen die spontane Zusammenstellung eines Tieres schwerfällt, kleben eine Collage: Mehrere Blätter mit einer oder mehreren gefundenen Strukturen frottieren, passende Formen ausschneiden und das Fantasiewesen auf Papier aufkleben.

„Klecksographie"

Die Idee: Auch hier ist der Künstler Max Ernst Ideengeber und lädt bei der „Klecksographie" das Zufallsprinzip ins künstlerische Gestalten ein. Das Verfahren der Décalcomanie oder auch „Abklatschtechnik" ist ein Farbabzugsverfahren, bei dem wundervolle Gebilde entstehen, die viel Spielraum für Fantasie und Interpretation lassen.

- **Material:** Papier, Acrylfarben, Pinsel oder kleine Tuben (z. B. Haarfärbemittel-Tuben); Papier / Folie als Unterlage

Vorbereitung: Farben anrühren bzw. in kleine Tuben abfüllen.

Los geht's!

- Farbe mit einem Pinsel oder Tube auf das Papier auftragen; hier darf frei mit der Ausgestaltung der Linien, der Konsistenz und Menge der Farbe experimentiert werden.
  Ein weiteres Blatt Papier auf die gestaltete Unterlage legen und mit Fingern oder der ganzen Hand mehr oder weniger fest darüberstreichen.
  Zügig das obere Blatt Papier von dem unteren abziehen und staunen, welche wunderbaren und sonderbaren Formen auf Papier entstanden sind.
- **Spiegelung:** Ein Blatt Papier in der Mitte falten und auf einer Hälfte ein „halbes" Bild auftragen, wie z. B. ein halbes Gesicht oder ein halber Schmetterling. Anschließend die andere Hälfte darüberklappen, glattstreichen und das Blatt wieder auffalten.

Sind die Bilder getrocknet, können sie weiter gestaltet werden:

- Mit Fineliner, Ölkreide oder Acrylstiften Besonderheiten mit Mustern, aber auch Tierisches, Menschliches, Fantasievolles in den Werken hervorheben.
- Die entstanden Bilder an der Außenlinie ausschneiden, auf farbigen Karton kleben oder aus mehreren Einzelstücken eine Collage zusammenstellen.

Fadenmalerei

Die Idee: Überraschend einfach lassen sich abstrakte Kunstwerke gestalten mit Wollfaden, ein bisschen Farbe und Papier. Hier kommen alle, die experimentelle Techniken mögen, auf ihre Kosten. Auffalten und staunen, was im „Verborgenen" auf dem Papier entstanden ist.

- **Material:** Wollfäden, evtl. Paketschnur, Garn, Filzwolle o. Ä.; Wasser- oder Acrylfarben; Schere, Papier; Unterlage; Katalog oder dickes Buch; Pinsel, evtl. Schwammtuch

Vorbereitung: Farben in kleinen Mengen anrühren: Acrylfarbe sollte mit etwas Wasser verdünnt werden.

Los geht's!

- Den Wollfaden mit Farbe einpinseln oder ein kleines Stück Schwammtuch einfärben und den Faden hindurchziehen, sodass er Farbe annimmt.
- Den gefärbten Faden nun in Kurven, Schlaufen und Kreisen auf ein Blatt Papier legen. Das Fadenende überhängen lassen. Ein zweites Blatt Papier darauflegen.
- Das Doppelblatt zwischen die Seiten eines Katalogs (oder Buches) legen. Mit einer Hand auf den Katalog drücken, mit der anderen am Fadenende ziehen. Die Blätter herausnehmen und die Bilder bewundern.

Tipp: Sind die Bilder sehr verschmiert, war zu viel Wasser/Farbe am Faden; sind die Abdrücke zu schwach, mehr Druck auf den Katalog geben oder mehr Farbe auftragen.

Experimentieren

- **Farbauswahl:** Luftige Wasserfarben oder kräftige Acrylfarben?
- **Konsistenz der Farbe:** Mal etwas wässriger, mal dickflüssiger – wie wirkt das?
- **Farbkombination:** Einen Faden mit mehreren Farben einfärben.
- **Unterschiedliche Fäden:** Wolle, Paketschnur, Garn, Filzwolle etc.
- **Papier vorbereiten:** Das Papier mit einem sauberen Pinsel ein wenig anfeuchten. Oder das Papier mit Farbe bestreichen. Was passiert hier?
- **Variante mit geknicktem Blatt:** Wird das Papier auf der Hälfte gefaltet und darin der Farb-Faden durchgezogen, ergibt sich ein symmetrisches Muster

Praxistipp

Mit Zweifeln und fehlender Motivation umgehen

„Ich kann das nicht." „Ich bin nicht kreativ." Kommen Ihnen diese Worte und Gedanken bekannt vor? Frust, Motivationslosigkeit, fehlende Geduld, Bedenken und Zweifel, aber auch die Angst vor Bewertung tauchen bei vielen Kindern (und auch Erwachsenen) häufig beim Thema Kunst und Kreativität auf.

Ein Gegenmittel: Bringen Sie frischen Wind in bekannte Angebote und Abläufe. Knüpfen Sie an vertraute Techniken und Materialien an und bauen Sie „Überraschendes" in Form von kleinen Variationen ein: Das macht die Kinder neugierig, bietet Anreize und kann hilfreich sein, um Ängste und Barrieren zu überwinden.

EIN BEISPIEL: KLEINE IMPULSE ZUM MALEN, ZEICHNEN, GESTALTEN MIT PAPIER

Bekanntes neu gedacht:

- **Auf die Größe kommt es an?!** Variieren Sie die Größe des Papiers und arbeiten Sie mit „besonderem" Maluntergrund: lange Papierrollen an der Wand befestigen oder auf dem Boden ausrollen; große Kartons als Leinwand nutzen (evtl. vorher weiß streichen). Oder könnten Mini-Werke, z. B. auf Pappe in Post-it-Größe, einen besonderen Reiz haben?

- **Positionswechsel!** Fragen Sie die Kinder, in welcher Position und an welchen Orten noch gemalt und gezeichnet werden könnte. Hier sind Papierrollen (siehe oben) eine aktivierende Variante. Auch ein an der Unterseite eines Tisches befestigtes Papier als Malgrund kann spannende Erlebnisse bieten. Wie wäre es mit einer Malschaukel bei einer Ferienaktion?

- **„Hallo – bist du neu hier?"** Ergänzen oder ersetzen Sie regelmäßig bekanntes Equipment durch bisher unbekannte Materialien und Werkzeuge: Wachsmalblöcke, Kohle- oder Graphitstifte, Naturpigmente eröffnen neue Erfahrungen; selbst gebautes Malwerkzeug erweitert den Erfahrungsschatz, beispielsweise Pinsel aus kleinen Ästen bzw. Bambus, an die kleine Stoffstücke, Wollfäden, Blätter oder Fundstücke geklebt oder gewickelt werden. Recyclingmaterialien schaffen ebenso neue Anreize wie ein abwechslungsreiches Papiersortiment.

Kleine „Hürden":
Sie können beim Malen und Zeichnen dabei unterstützen, losgelöster und freier zu arbeiten: Kleine „Hürden" lenken die Aufmerksamkeit auf den Herstellungsprozess – und eröffnen die Möglichkeit, dass das Werk, weg vom Perfektionismus, überrascht.

- **„Blind" malen:** Wie „fühlt" es sich an, wenn die Augen beim Malen oder Zeichnen geschlossen sind? Tücher oder Augenbinden sind ein wundervolles Utensil, um eigene Ansprüche und Wunschvorstellungen abzubauen bzw. unmöglich zu machen.

- **Meine „Ungewohnte Hand":** Stellen Sie dem Kind die Aufgabe, eine kleine Zeichnung mit der „ungewohnten Hand" auszuführen – der Hand, die nicht so oft zum Zug kommt.

- **„In die Verlängerung gehen":** Besonders überraschende Erlebnisse und abstrakte Ergebnisse können mit verlängerten Zeichen- und Malwerkzeugen entstehen: Dazu einfach Filzstift, Wachsmalkreide oder Pinsel mit Tape an langen Bambusstäben oder Ästen befestigen. Dazu bietet sich ein Maluntergrund auf dem Boden an.

Hinweis: Bei allen neuen Impulsen und eingebauten „Stolpersteinen" ist es wichtig, als Begleitperson vor allem mit sehr sensiblen oder schüchternen Kindern ins Gespräch zu kommen, um zu erfahren, wie das Kind sich gefühlt hat.

Farbige Finger-Geschichten

Die Idee: Hier entstehen bunte Abenteuergeschichten aus kleinen, bunten und lustigen Däumlingen oder Fingerlingen. Die einfache Technik spricht vor allem jüngere Kinder an, sie entwickeln mit Freude fantasievolle Geschichten aus den bunten Fingerprints.

- **Material:** Stempelkissen in verschiedenen Farben, Papier, Fineliner, Feuchttücher oder feuchtes Handtuch

Los geht's!

- **Spuren hinterlassen:** Die Kinder hinterlassen Daumen- und Finger-Abdrücke, auch ganze Fingerlängen oder ihre Faust hochkant auf dem Papier.
- **Ins Gespräch kommen:** Die Tatsache, dass so ein Fingerabdruck wirklich einzigartig ist, kann die Kinder anregen, mit einer Lupe Vergleichsstudien anzustellen oder wie ein Kommissar alle Fingerabdrücke auf Papier zu sammeln.
- **„Was wäre, wenn ...?"**... die einzigartigen Fingerabdrücke zum Leben erweckt würden? Und Abenteuer erleben könnten? Mit einem Fineliner werden die gestempelten Abdrücke um ein kleines Gesicht erweitert und verwandeln sich so auf Papier in besondere Charaktere. Stellen Sie Fragen, die Lust aufs Geschichten-Erfinden und Erzählen machen.

Stempelgeschichten erfinden und gestalten

- **Der Geschichte einen Rahmen geben:** Ein Blatt Papier durch Falten oder Linien einteilen, sodass kleine Felder wie bei einem Comic entstehen. *Alternativ* ein Büchlein falten: ein Leporello mit der Treppen-Technik (Papierstreifen abwechselnd nach vorne und nach hinten falten) oder auch ein paar Seiten Papier (max. DIN A5) lochen und mit Wolle zusammenfädeln.
- **Einen Anfang finden:** Auf der ersten Seite des Büchleins werden die einzelnen Farben-Charaktere mit ihren besonderen Eigenschaften vorgestellt.
- **Eine Geschichte entwickeln:** Vor allem beim ersten Mal lohnt es sich, die Kinder zum Start in die Geschichte anzuleiten. Bringen Sie eine Aufgabe mit ein: Kam da ein geheimnisvoller Brief mit einer Botschaft an? Oder weiß ein Stempel-Farben-Charakter, wo ein toller Schatz versteckt ist?

Das Glück suchen –

Kreative Impulse für ein positives Miteinander

In der Begleitung und Erziehung von Kindern ist es wichtig, den Blick auf Ressourcen, Stärken, ein positives Miteinander zu lenken und dieses (vor-) zu leben. Kreative Impulse können dazu einen Beitrag leisten – wie die im Folgenden vorgestellten rund um das Thema GLÜCK. Sie bieten Anlass, miteinander ins Gespräch, ins Nachdenken, ins Philosophieren zu kommen. Den pädagogischen Fachkräften eröffnet das die Chance, die Bedürfnisse, Wünsche und Ideen der Kinder besser kennenzulernen – und das Glück und die Kreativität in vielen weiteren Ideen und Aktionen sprießen zu lassen.

Überraschungspost

Die Idee: Es geht nichts über einen selbst gestalteten und selbst geschriebenen Brief oder eine liebevolle, bunte Postkarte. Und erst die Freude, Post im Briefkasten zu entdecken und in Händen zu halten! Lasst uns mit anderen Menschen in Kontakt und Verbindung bleiben – oder auch jemanden, der das nicht erwartet, mit einer Botschaft überraschen – und das wollen wir natürlich mit einer großen Ladung Kreativität tun!

- **Material:** Papier (Seiten aus alten Büchern, Zeitschriften, Atlas, Notenpapier), Comic, Postkarten, Stifte, Farben, Kleber; zum Weitergestalten: Kreativmaterial wie Stempel, Stanzer; evtl. flache Gegenstände wie Foto, getrocknetes Blatt, Teebeutel etc.; Briefmarken je nach Briefgröße

Mit den Kindern ins Gespräch kommen

- **Wem möchtest du eine Botschaft schicken?** Gibt es jemanden, den du gerne mit einer Botschaft überraschen würdest? Mögliche Adressaten: die Familie? Freunde oder Klassenkameraden? Menschen, die alleine oder vielleicht einsam sind?

> **Tipp:** Wie wär's beispielsweise mit Post für (ein) Senioren(wohnheim)? Informieren Sie sich vor Ort bei den Trägern der Wohnheime, wie Sie mit den Kindern aktiv werden können!

- **Welche Botschaft möchtest du senden?** Was macht eine Glücksbotschaft aus? Was möchtest du zum Ausdruck bringen? Beispielsweise „Hallo“, „Danke“ oder „Ich vermisse dich“ sagen? Du könntest auch Fragen stellen: Wer bist du? Was machst du gerade? Oder etwas verschicken, vielleicht Spielideen etc.
- **Was möchtest du schreiben?** Malen? Gestalten? Möchtest du etwas mitschicken?

Los geht's!

- **Ganovenbrief** gestalten: Wörter aus Zeitschriften suchen und zusammenstückeln
- **Bilderrätsel:** einzelne Worte wie „Ich würde gerne mit dir **Fußball** spielen“ durch selbst gemalte oder ausgeschnittene Bilder ersetzen.
- **Grüße auf der Wäscheleine:** Worte, kleine Bilder, tolle Sprüche auf kleinen Kärtchen auf eine Schnur kleben, sodass sie wie eine Wimpelkette aussehen – das macht extra Freude beim Auspacken und Lesen.
- **Selbst Gestaltetes mitschicken:** Bilder, Rätsel, Fragen, Aufgaben, Witze, positive Botschaften oder Glücksgedanken – der Kreativität sind keine Grenzen gesetzt.
- **Dinge mitschicken:** kleine, flache Dinge in den Brief packen, z. B. Blumensamen, um den „Frühling zu pflanzen“; Teebeutel für eine kleine Ruhepause; Fotos von gemeinsamen Erlebnissen etc.

Briefumschlag selbst falten: Die Kinder können mit buntem, selbst gestaltetem Papier wunderbar einen Briefumschlag falten. Eine Vorlage zum Download finden Sie unter www.herder.de/extras

Hinweis: Für den Postversand die Standard-Größen der Briefumschläge bedenken sowie ein helles Adressfeld auf den bunten Briefumschlag für den Scan bei der Post aufkleben und beschriften.

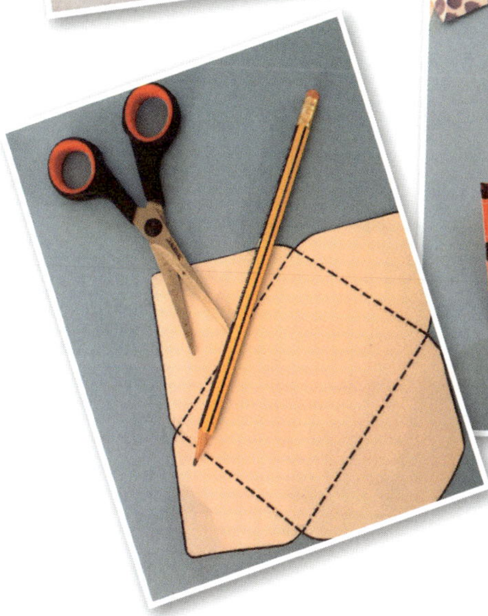

Kreative Kreidebotschaften

Die Idee: Werden Sie mit den Kindern zu „Kreativ-Guerillas“ und sammeln Sie Worte, Fragen, Botschaften, die andere Menschen an der Schule, auf dem Schulhof oder auch in der Nachbarschaft zum Innehalten, Schmunzeln, Nachdenken etc. anregen könnten.

- **Material:** Straßenmalkreide, evtl. Papier und Stift für Skizze

Vorbereitung: Halten Sie mit den Kindern nach günstigen Stellen Ausschau (z. B. neben dem Schuleingang, auf dem Gehweg etc.), klären Sie die damit zusammenhängenden Regeln und inspirieren Sie gemeinsam Menschen im Alltag.

Los geht's!

Einen Impuls oder eine Frage auf den Asphalt schreiben (z. B. Was macht dich glücklich?) und Kreidestücke für die Antwort von anderen bereitlegen. Gegebenenfalls ein bis zwei Antworten bereits dazuschreiben, dann ist die „Angst vor dem freien Platz" für andere nicht so groß.

Tipp: Etwas größer und mit doppelter Strichstärke schreiben, dann sind die Kreidebotschaften deutlicher zu sehen

Hinweis: Es wird (wenn möglich) nicht verraten, wer die Kreidebotschaften verteilt hat; evtl. die Stelle zu einem späteren Zeitpunkt noch einmal aufsuchen und beobachten, wie die Menschen auf die Zitate reagieren. Das macht einen Großteil der Freude beim Arbeiten als „Kreativ-Guerilla" aus: Niemand weiß, wer hinter dem Kunstwerk steckt.

Ein Glas voll Glück

Die Idee: Was tut dir gut? Welche Dinge zaubern dir ein Lächeln ins Gesicht? Was berührt dein Herz? Oft sind es die kleinen Dinge, die besonders guttun, die wir aber im Alltag oft vergessen oder übersehen. Machen Sie diese Dinge gemeinsam mit den Kindern sichtbar und greifbar – in einem Behältnis, aus dem jedes Kind bei Bedarf die kleinen Dinge nehmen darf oder sich daran erinnern kann! So entsteht eine Sammlung an Glücksmomenten, guttuenden Dingen, Komplimenten und positiven Gedanken.

- **Material:** Behältnis (Glas oder Karton), Stifte & Farben, Schnüre/Wolle, Papier in verschiedenen Farben, 2–3 kleine Steine und Acrylstifte, Klebestift, Stempel, Stanzer und andere Kreativmaterialien für die Dekoration, evtl. kleine Leckereien

Mit den Kindern ins Gespräch kommen: Impulse zum Nachdenken und Philosophieren: Wie sieht Glück aus? Welche Farbe und Größe hat es? Hast du es heute schon gesehen? Können wir es festhalten / einpacken? Wie bringen wir das Glück ins Glas bzw. in die Kiste? Denke darüber nach, was du alles in die „Schatzkiste" packen möchtest: Was tut dir gut? Welche Dinge zaubern dir ein Lächeln ins Gesicht? Wobei fühlst du dich wohl?

Tipp: Als passender Start und zur Hinführung kann auch eine Geschichte oder ein Bilderbuch Anregungen geben, beispielsweise „Herr Glück und Frau Unglück" (von Antonie Schneider), „Anleitung zum Glücklichsein" (von Eva Eland) oder „Als Larson das Glück wiederfand" (von Martin Widmark).

Los geht's!

Im Glas ist Platz für

- Komplimente – tun jedem gut!
- Fragen über Fragen: zum Nachdenken und Ins-Gespräch-Kommen
- Kleine Leckereien: Lieblingsbonbons oder Teebeutel / Portionsbeutel Trinkschokolade für eine „Tasse" Auszeit
- Mutmach- oder Glückssteine: für neue Aufgaben und Herausforderungen
- „Stark-mach-Sprüche": positive Gedanken und Mutmach-Worte

Tipp: Eine Sammlung an Ideen für die Füllung finden Sie zum Download unter www.herder.de/extras

Praxistipp

Begeisterung schaffen!
Wie der Start in ein Projekt gelingt

Damit ein Bauvorhaben mit Fundstücken oder kurzweiliges Action-Painting auf Papier zu einem Erlebnis für alle Kinder wird, ist es wichtig, die Kinder einzustimmen und sie (ggf. über einen längeren Zeitraum hinweg) für das Vorhaben zu sensibilisieren. Forschergeist und Neugier werden geweckt, wenn die Kinder Vorkenntnisse, Ideen und Wünsche einbringen können, die die Planung einer Aktion / einer Projektwoche bereichern.

Vorfreude durch Material-Sammlung

Sie haben mit den Kindern oder im Team ein neues Thema bzw. Projekt festgelegt? Ermuntern Sie die Kinder, bereits vor Projektbeginn zu sammeln: Gegenstände, Fundstücke, Worte, Gedanken, Bilder – z. B. zum Thema „Glück", „Schnecken", „Rund" oder „Blau" – finden an vorbereitetem Ort Platz (Setzkasten, Tablett, Sammelbox) – und machen neugierig auf das, was folgt.

Sortieren und Ordnen

Es ist sinnvoll, Materialien dosiert bereitzulegen, beispielsweise einzelne Dinge aus dem Recycling-Materiallager auf einem Tablett zu präsentieren. Im nächsten Schritt können Setzkasten, Tabletts oder ein Blatt Papier den Rahmen für die Sortierung nach verschiedenen Kriterien bieten: nach Fundort (zu Hause, Straße, Schule etc.), nach Formen (rund – eckig), Materialien (Natur – Kunststoff, Plastik, Holz, Metall), nach Farben, Haptik (hart – weich) oder nach Zweck (z. B. alles, womit ich malen kann).

„Top Secret" – Geheimnisvolle Post vom Ministerium

Ein von Ihnen aufgesetzter Brief vom Bürgermeister, dem Forschungs- oder Glücksministerium oder der Weltraumbehörde weckt Neugier, Spannung und Forschergeist der Kinder. Da kommt beispielsweise Post mit einem Auftrag der NASA hereingeflattert: „Liebe Kinder der Grundschule xy, wir suchen die Nachwuchs-Forscher von morgen – neugierige, mutige und kreative Kinder, die folgendes Problem lösen / ein Experiment wagen / das Projekt xy anpacken."

Philosophieren und Forscherfragen stellen

„Was ist Kunst? Was macht Kunst aus? Können wir Kunst fühlen oder riechen? Woran kannst du Glück erkennen? Welche Geschichte hat der Stein in deinen Händen? Was würde das Holz dir erzählen, könnte es sprechen? Was denkst du darüber?"

Am Anfang eines Projekts / einer Aktion steht die pädagogische Grundhaltung „Fragen statt Sagen" – ein zugewandtes und aufrichtiges Interesse an den Ideen, Wünschen, Vorstellungen und Fantasien der Kinder. Offene Fragen laden die Kinder ein, um die Ecke zu denken. Die Antworten sind fantasievoll, nachdenklich, tiefgründig, humorvoll, manchmal fast unglaublich! Ein solcher Gedankenaustausch gibt dem Kind die Möglichkeit, eigene Vorstellungen, Ideen und Erklärungsansätze zu kommunizieren und die Freude an (fantasievollen) Geschichten zu leben. Und damit gehört und gestärkt zu werden und sich auch mit anderen Meinungen und Vorstellungen zu vergleichen.

Glück „to go“

Die Idee: Inspirieren Sie die Kinder, zur „Kreativ-Guerilla“ zu werden und wagen Sie sich raus auf die Straße – um auf dem Schulhof, in der Aula oder auch an Ampeln, Straßenlaternen, dem Schwarzen Brett im Supermarkt und an Bushaltestellen auf Abrisszetteln Komplimente, Glück, einen Ohrwurm – Worte „to go“ – zu verteilen!

• **Material:** Papier, Stift, Schere, Kreppband, evtl. kleine Dekomaterialien

Mit den Kindern ins Gespräch kommen: Überlegen Sie gemeinsam mit den Kindern, welche Worte man an andere Menschen verteilen könnte bzw. was andere gut gebrauchen könnten. Beispiele: Glück, eine Portion Mut, ein Lächeln, tolle Lieblings-Witze, eine Ladung Motivation, Komplimente, einen Ohrwurm etc.

Hinweis: Wichtig ist auch, die Wortwahl, geeignete Plätze, sowie die Wahl des Klebers zu besprechen, mit dem die Zettel befestigt werden.

Tipp: Die Sammlung an Ideen und Worten sowie alle Materialien in eine passende Schachtel legen, damit die Kinder eigenständig loslegen können.

Los geht's!

- **Einen Abrisszettel gestalten:** Papier bis zu ca. 3/4 beschriften, z. B. mit „Nimm dir was du brauchst“ und dann (an einer eingezeichneten Linie) kräftig in beide Richtungen falten. Im unteren Drittel kleine Abrisszettel gestalten: zuerst Worte aufschreiben, stanzen, kleben etc. und danach einzeln einschneiden. Den Abrisszettel mit kleinen Details, Farben etc. weiter gestalten – damit er ein echter Hingucker wird.
- **Ausschwärmen und kleben:** Dann geht es mit den bunten Zetteln und Tesa(krepp) ans Aufhängen – am besten kaum sichtbar und hörbar (Achtung „Kreativ-Guerilla“), damit es für andere eine Überraschung ist.

Hinweis: Die Kinder übernehmen Verantwortung für „ihre“ Zettel: Sie halten regelmäßig Ausschau und entsorgen Zettel, die beschädigt, verschmiert oder leer sind.

Sachen finden –

Mit Fundstücken & Alltagsgegenständen gestalten

Kinder haben das wundervolle Talent, in gefundenen und gesammelten Dingen Nützliches und Wertvolles, Baustoffe und Kreativmaterial zu sehen, so wie Pipi Langstrumpf schon feststellte: „Die ganze Welt ist voll von Sachen, und es ist wirklich nötig, dass jemand sie findet."

Greifen Sie diese Sicht auf die Welt bewusst auf, indem Sie (kreative) Angebote schaffen, die Anlässe für Kunst und Kreativität mit Fundstücken, Alltagsgegenständen und Naturmaterialien bieten können. Ein wichtiger Nebeneffekt: Gefundene oder weggeworfene Gegenstände sind kostenlos und bieten zudem stetig Anlass, mit den Kindern zu Themen wie Müll, Nachhaltigkeit, Natur, Umwelt, Re- und Upcycling ins Gespräch zu kommen.

Dinge zum „Leben" erwecken

Die Idee: Was macht eigentlich meine Zahnbürste, wenn ich schlafe? Was war der wunderschönste Tag im Leben einer Büroklammer? Was hat der Stein gesehen, den ich in Händen halte? Was die Dinge wohl erleben, wenn wir gerade nicht zuschauen? Hier werden Fundstücke zum Leben erweckt, und es entstehen einzigartige Charaktere und Situationen.

- **Material:** Papier, Stifte, evtl. Wasserfarben und Pinsel, (Handy-)Kamera, verschiedene Materialien (Zange, Pinsel, Kartoffel, Zahnbürste, Büroklammer, Schraubverschluss etc.); für die Variante: Broschüren, Zeitschriften, Schere

Mit den Kindern ins Gespräch kommen: Betrachte den Gegenstand genau: Wie sieht er aus, woran erinnert er dich? Braucht er Beine, um sich bewegen zu können? Könnte er einen Körper bekommen? Oder ist er Teil eines Bildes, auf dem etwas passiert?

Los geht's!

- Den Gegenstand auf Papier legen und fehlende Körper- und Bauteile, Landschaften und Utensilien dazu malen – und so das „Ding" zum Leben erwecken.
- Nach der Fertigstellung abfotografieren: Zum einen wird der Gegenstand vielleicht wieder gebraucht (Schere, halber Keks etc.), zum anderen sehen die Werke auf Fotos meist noch prägnanter aus.

Tipp: Wundervolle Ideen gibt es bei den Künstlern Christoph Niemann „Sunday sketches" und Javier Perez „cintascotch".

Variante: Gegenstände aus einem Werbeprospekt ausschneiden, auf ein Blatt Papier legen (oder direkt kleben) und mit Stiften oder Pinsel „fehlende" Teile dazu zeichnen und das „Ding" zum Leben erwecken.

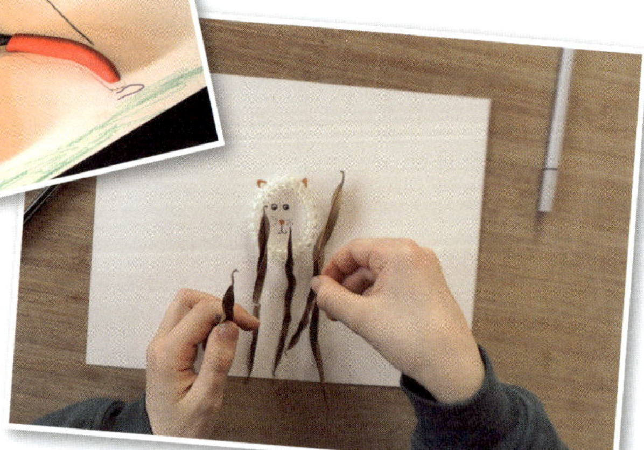

Praxistipp

Alles Müll, oder was?
Ein Recycling-Materiallager anlegen

Wie wärs mit einem Schätze-Lager aus Fundsachen, Recyclingmaterialien und scheinbarem „Abfall"? Die Materialien können als Bau-, Forschungs- und Spielmaterial ausgeliehen oder als Verbrauchsmaterial für Bau-, Recycling- oder Kreativprojekte genutzt werden. Besprechen Sie gemeinsam mit den Kindern die Idee und das konkrete Vorhaben: Welche Vorschläge, Ideen, Wünsche, Regeln sind den Kindern wichtig? Einbeziehung und Mitbestimmung tragen ganz wesentlich zum Gelingen bei.

Netzwerke nutzen

- Ermuntern Sie die Kinder und ihre Familien, Recyclingmaterial aus dem Haushalt (ausgespült/sauber), Alltagsmaterialien wie Zeitungen, leere Toilettenpapierrollen etc. sowie Naturmaterialien zu sammeln und mitzubringen.
- In Schulen fallen regelmäßig besondere „Abfall"materialien an: Stiften Sie Hausmeister, Sekretariat, Reinigungsteam und Co. an, die Materialien zur Seite zu legen: ausrangierte Bücher, Pappstücke, Papprollen, Verpackungsmaterial wie Folien, Schaumstoff-Stücke usw.
- Nutzen Sie Kontakte zu Firmen, die Abfallprodukte, nicht verkäufliche Muster, B-Ware oder auch neue Materialien spenden oder günstig herzugeben haben.

Tipp: Hilfreich sind beschriftete Sammelkisten, damit die Sammler im Alltag an den Nachschub denken.

„Ordnung ist das halbe Leben"

Ein Recycling-Lager macht allen Beteiligten vor allem dann Freude, wenn eine klare Ordnung herrscht: dazu braucht es Beteiligung von und Übung mit den Kindern.

- **Boxen:** Bananenkisten sind als praktikables, kostenfreies und umweltbewusstes Behältnis eine gute Alternative zu Plastikboxen; diese können beschriftet, mit Symbolfotos oder auch mit einem durchsichtigen Schaufenster bestückt werden.
- **Kleine Kisten** oder Körbe können als eine Art Einkaufskorb genutzt werden, um dosiert und übersichtlich die Materialien aus den großen Boxen zu entnehmen sowie das Zurücksortieren zu erleichtern.
- **Zugang zu den Boxen:** für Kinder erreichbar platzieren bzw. selbstständigen Zugang durch Hocker schaffen, falls sich die Materialboxen in Regalen befinden.
- **Assistenten:** Kinder übernehmen Aufgaben z. B. als „Regal-Manager“, der einen Blick auf das System im Lager-Regal hat, oder es gibt ein „Aufräum-Team“, das mit Körben die übrig gebliebenen Dinge einsammelt.

Tipp: Die „ReMida“ – ein Konzept aus der Reggio-Pädagogik – ist eine Materialvermittlung für Sachensammler: Materialien, die in Industrie, Handwerk und Gewerbe abfallen, werden dort gesammelt und gegen eine Gebühr an Bildungseinrichtungen verliehen oder verkauft. Informieren Sie sich, ob es in Ihrer Nähe eine Remida oder ein Recycling-Materiallager gibt – möglichweise kann eine tolle Kooperation daraus entstehen.

Fundstücke-Mobile

Die Idee: Sammler aufgepasst – diese Fundstück-Mobiles sind ein besonderer Hingucker! Für die Aufhängung können hier (endlich) große Fundstücke eingearbeitet werden: Äste und Schwemmholz, Fahrrad- und Holzreifen oder auch alte Küchenutensilien bekommen hier einen wichtigen Auftrag.

- **Material:** kleine Fundstücke und Sammelsurium; Äste oder Reifen; verschiedene Schnüre, Wolle, Draht; Schere; Kleber; evtl. Zange, Akkubohrer; Schleifpapier oder Feile (Holz / Metall)

Hinweis: Sei es Holz, Metall oder Plastik – hier ist es wichtig, vor dem Bearbeiten die Verletzungsgefahr zu überprüfen und ggfs. mit Zange, Holz- oder Metallschleifpapier bzw. Feile scharfe Ecken abzurunden.

Los geht's!

Die Arbeiten rund um das Fundstück-Mobile bieten einen Anlass, neben dem gerne verwendeten Heißkleber Kompetenzen zum Anbringen verschiedener Materialien zu erweitern. So entsteht – ganz nebenbei – eine Gelegenheit, um kreative Lösungsfindung zu trainieren und neue Werkzeuge sowie deren Handhabung kennenzulernen. Was muss und kann wie durchbohrt und befestigt werden? Wie können Fundstücke ohne Loch und ohne Halterung geschickt umwickelt, verknotet und befestigt werden? Wobei ist Schnur oder auch Draht hilfreich?

Tipps für besondere Hingucker

- (bunt angemalte) Glasflaschen aufhängen (mit Draht umwickeln und für genügend Halt sorgen) – z. B. als Vasen für gefundene Äste oder Blumen
- Plastikflaschen mit der Schere oder Cuttermesser zu langen Schlangen aufschneiden, ggf. mit Acrylfarbe verschönern.

Hinweis: Bei Bohrungen in Metall, Stein oder Porzellan sollte an der Standbohrmaschine und mit passendem Aufsatz und Arbeitsschutz gearbeitet werden.

Experimente mit Tunk-Stücken

Die Idee: Was entsteht, wenn ein Gegenstand in Farbe getaucht übers Papier hüpft? Wie sieht es aus, wenn eine Schraube eine Farbspur hinterlässt? Welchen Abdruck machen Korken, Tannenzapfen oder der Flaschenboden? Welche Spuren hinterlassen Haushaltsgummis, ein Flipflop, Murmeln oder ein Schwämmchen?
Tunken, drucken, tupfen, walzen – es wird bunt und experimentell.

- **Material:** diverse Papiere (mind. 80 g/qm), Acrylfarbe, Pinsel oder Farbwalze, Teller oder Farbpalette, ausrangiertes Nudelholz, verschiedenste Fundstücke und Gegenstände aus dem Haushalt

Vorbereitung: Die Arbeitsfläche großzügig abdecken. 3–4 Acrylfarben auf eine Palette / Teller geben; Pinsel oder kleine Farbwalze zum dosierten Auftragen der Farbe auf das Fundstück bereitstellen.

Los geht's!

Die Gegenstände dürfen in die Farben auf dem Teller / Farbpalette getaucht und dann aufs Papier gedrückt werden. Pinsel oder Farbrolle unterstützen beim Farbauftrag, wenn sich die Gegenstände schwer tunken lassen bzw. wenn zu viel Farbe haften bleibt.

Auf dem Papier lassen sich nun die Abdrücke sammeln – hier können verschiedenste Techniken hilfreich sein:

- **In einem aufgemalten „Setzkasten"** können verschiedenste Spuren und Abdrücke auf Papier gesammelt und gesichtet werden.
- **Strukturen am „laufenden Band"** lassen sich mit einem alten Nudelholz erzeugen, das mit Fäden oder Gummis umwickelt wird.
- **Ganz besondere Stempel** entstehen aus mit gekringelten Plastikhaargummis oder Knöpfen beklebten Holzklötzen.

Hinweis: Denken Sie an genügend Trocknungs-Möglichkeiten – es entstehen pro Kind vermutlich 10–15 Bilder.

Kreatives aus Schwemmholz & Ästen

Die Idee: Auch hier kommen Sachensammler wieder voll auf ihre Kosten. Schwemmholz aus Seen oder Flüssen, heruntergefallene Äste – beim Waldspaziergang gesammelt – werden fantasievoll weitergestaltet.

- **Material:** gesammeltes Schwemmholz oder Äste (trocken), Holzscheiben, Pinsel, Acrylstifte oder -farben

Hinweis: Holz trocknen lassen, bevor (mit Farbe) weitergestaltet wird.

Zur Einstimmung: Fundstücke aus Holz gemeinsam sortieren, legen, anordnen und mit allen Sinnen betrachten.

Los geht's!

- **Fantasievolle Tierwesen:** Betrachten Sie die Holzstücke und Äste gemeinsam mit den Kindern: Schaut uns da etwa eine Schlange, ein Waldgeist oder ein Vogelwesen an? Mit Acrylfarbe oder -stiften können bestehende Akzente so betont werden, dass es fast scheint, als ob das Holzstück „lebendig" wird.
- **Windlicht:** Um ein Glas oder anderes Behältnis kleine Stöckchen kleben oder mit Draht wickeln.
- **Bilderrahmen:** Vier Äste an den Ecken übereinanderlegen, mit Draht fest zusammenschnüren und nach Wunsch zusätzlich mit (Filz)Wolle dekorieren.
- **Wickeln, flechten, knüpfen, häkeln, stricken** – mit Wolle und Garn „eingesponnene" Äste sehen wunderschön aus und bieten eine Möglichkeit, handwerkliche Techniken einzubauen.
- **Webrahmen aus Holz:** Ein auf dem Schulhof angebrachter (großer) Webrahmen mit bereitgestellter Wolle lädt zum bunten Wickeln und Weben ein.

Hinweis: Falls das Holz-Objekt täglich Wind und Wetter ausgesetzt ist, lohnt es sich, nach der Trocknung mit Lack über die angemalten Äste zu streichen.

Rockige Steinkunst

Die Idee: In der Stein-Werkstatt können sich die Kinder ihren Fundstücken vom Wegesrand mit verschiedenen kreativen Möglichkeiten widmen. In Kombination mit Pinsel, Stiften und Stempel entstehen besondere und individuelle Objekte. Worte, Mandalas, Muster oder selbst gemachte Stein-Spiele – jedes Werk wird einzigartig!

- **Material:** Steine, Acrylfarben, Pinsel, Acrylstifte, evtl. Tonpapier, Leinwand, Montagekleber

Los geht's!

Steine bemalen und beschriften: Die gewaschenen Steine können mit flüssiger Acrylfarbe und Pinsel bemalt werden. Für feinere Muster oder Beschriftung lohnt es sich, eine Packung Acrylstifte in verschiedenen Farben anzubieten.

Hinweis: Besonders gut gelingt das Bild auf einem Stein mit glatter Oberfläche; bei einer rauen Oberfläche kann der Stein 2- bis 3-mal mit Acrylfarbe grundiert werden, um einfacher mit Pinsel oder Stift weiterzuarbeiten

Tipp: Acrylfarbe ist relativ robust, hält aber dem Wetter länger stand, wenn nach dem Trocknen der Farbe ein Matt- oder Glanzlack aufgetragen wird.

Kunterbunte Stein-Ideen

- **Stein-Worte:** Botschaften, Mut- und Glückssteine mit Acrylstiften oder Stempeln auf Steine auftragen.
- **Mandala-Steine:** Meditatives Arbeiten für geduldige Kids – mit Holzspießen oder feinem Pinsel wird flüssige Acrylfarbe gleichmäßig auf den Stein getupft.
- **Stein-Collage** auf Pappe, Leinwand oder Grußkarten; kleine Steine mit Flüssig- oder Montage-Kleber auftragen und feine Details mit Stiften ergänzen.
- **Stein-Spiele:** „Tic Tac Toe“, ein „Stein-ärgere-dich-nicht“, Domino oder ein Memory – diese selbst gemachten Spiele sind einzigartig.
- **Erzählsteine:** Auf jedem Stein befindet sich ein Symbol (Feuer, Schlange, Boot, Schuh etc.), das in die erfundene Geschichte eingebaut werden muss.
- **„Pädagogik-Steine“:** Zahlen, Buchstaben, Planeten lernen, Belohnungssteinchen, Mutmacher oder Glückssteine für besondere Momente, zum Auslosen oder Aufgabenverteilen: Steine sind eine haptisch und optisch interessante Alternative zu Papier.

Neue Blicke wagen –

EinzigArtige Entdeckungsreisen

Straßenmalkreide? Hüpfspiele? Bücher? Alles schon gehabt? Alles schon bekannt? Hier blicken wir neu auf (vermeintliche) „Klassiker" und verpassen ihnen einen neuen Anstrich. In neuem Gewand, mit überraschenden Wendungen und pfiffigen Variationen bekommen Sie und die Kinder Lust, sich wieder oder neu an bekannte Räume, Materialien und Techniken heranzuwagen!

Kreidebilder zum Wegträumen

Die Idee: Lust auf Urlaub? Die Weltmeere bereisen? Oder an einer Handvoll Luftballons durch die Lüfte fliegen? Mit einer großen Ladung Kreativität und Straßenmalkreide dürfen Spuren auf dem Schulhof hinterlassen werden: Es entstehen Bilder, die einladen, Abenteuer als Tiefseetaucher zu erleben, auf einem Piratenschiff die Weltmeere zu erobern oder Fabeltieren zu begegnen.

- **Material:** Straßenmalkreide, evtl. ein paar Fotos als Inspiration, Kamera / Smartphone

Los geht's!

Mit den Kindern Ideen sammeln und ggf. auf Papier Skizzen anfertigen.

Tipp: Inspirationen gibt es im Internet z. B. bei Pinterest oder unter „Straßenkreide Bilder", „Chalk Art" oder „Sidewalk Chalk Ideas"

Hinweis: Wichtig ist bei dieser Aktion die Vogelperspektive: Die Gestalter sind Bestandteil des Kunstwerks! Aus einer passenden Perspektive fotografiert, verschmelzen Kinder und Kreide zu einem besonderen Hingucker. Deshalb muss der Platz für Kreidebilder vorab so ausgewählt werden, dass beispielsweise vom ersten Stockwerk des Schulgebäudes oder von einer Leiter direkt am Kreidebild ein Foto von oben gemacht werden kann.

Museum in a Box

Die Idee: Einzigartige, besondere und (emotional) wertvolle Fundstücke bekommen eine passenden Präsentationsfläche und stehen im Mini-Museum garantiert im Mittelpunkt.

- **Material:** Fundstücke, Kisten und Schachteln in verschiedenen Größen, Schere, (Heiß-)Kleber, Lineal, Stifte, verschiedene Papiersorten, Pappstücke

Los geht's!

Die Rückwand einer Schachtel mit Motivpapier, selbst gestaltetem Papier (z. B. vom Action Painting) bekleben oder direkt bemalen.

- **Box in the box:** Kleine Schachteln, z. B. das Innere einer Streichholzschachtel, selbst gefaltete Schachteln sowie abgeschnittene Ringe einer leeren Toilettenpapier-Rolle in die große Schachtel einkleben. Die besonderen Fundstücke darin platzieren und (mit Heißkleber) festkleben.

- **Treppe:** Aus einem Streifen Tonpapier eine kleine Treppe falten. Damit sie etwas stabiler wird, ein gerades Stück Pappe unter die Stufen kleben.
- **Podeste:** Holzklötzchen, Würfel oder Klopapier-Rollen können als kleine Podeste eingebaut werden.
- **Fundstücke befestigen:** Die Lieblingsstücke festkleben oder mit Hilfe einer Schnur oder einem Stück Draht – oben in der Schachtel befestigt oder wie eine Wäscheleine quer durch die Schachtel gespannt – hängend präsentieren. Dazu bei einer Holzbox kleine Löcher bohren, bei einer Papp-Box mit Nadel und Faden arbeiten.

Praxistipp

Alles außer gewöhnlich! Kreative Präsentations- & Ausstellungsformen

Präsentation im Glaskasten und auf Fotokarton? Falls Sie das Bedürfnis nach neuen Inspirationen, mutigen Formaten und echten Hinguckern verspüren, sind Sie hier genau richtig!

Auf Augenhöhe

Betrachten Sie die Orte im Schulhaus und in Ihren Räumen, an denen Kinderkunst hängt und gebaute Werke aufgestellt sind: Für welche Betrachter werden sie präsentiert? Es wird Zeit, die Perspektive zu wechseln und auf Kinder-Augenhöhe zu denken! Wie wäre es, Werke von Kindern (nicht ausschließlich) etwas weiter unten zu platzieren? Welchen Effekt hat das? Was ist anders?

Kunst an der Wäscheleine

So simpel – so genial! Spannen Sie eine Wäscheleine (mit Klammern) an der Wand entlang. Ein einfaches und flexibles Tool, um kurzfristig, pfiffig und ganz praktisch Papier und kleine zweidimensionale Werke aufzuhängen. Ein besonderes Erlebnis für Ausstellungen bieten netzartig auf mehreren Ebenen durch den Raum gespannte Wäscheleinen: Da wandern die Betrachter mitten durch die Werke hindurch!

Von oben nach unten

Vertikale Schnüre, Papp- und Holzleisten, Drahtgespanne oder sogar lange Äste können einen besonderen Reiz haben. Die vertikale Basis kann an der Wand befestigt oder von der Decke hängend mitten im Raum angebracht werden. Je nach Material muss eine Befestigung am oder ausgehend vom Boden mitbedacht werden.
Achten Sie hier auf eine Möglichkeit, dass Kinder über einen Stuhl oder eine kleine Leiter auch Fotos und Werke der „oberen Etage“ zu Gesicht bekommen.

Objekt-Kasten

Schuhkartons, Obstkisten und Streichholzschachteln sind ein wundervolles (kostenloses) Material für Objektkästen an der Wand. Bunt zusammengewürfelt in verschiedenen Größen oder auch für jedes Kind (und Erwachsenen) ein fest installierter Objektkasten ergeben eine außergewöhnliche Ausstellungsfläche, die regelmäßig von neuen zwei- und dreidimensionalen Fundstücken, Recycling-Robotern oder Naturmaterial-Tierchen besiedelt werden darf. Denken Sie gemeinsam mit den Kindern über Farbwahl (uni – bunt) und Themenauswahl nach.

Rahmen-Bedingungen

Hier sind das Sammlertalent und die kreative Vorstellungskraft der Kinder wiederholt ein großer Schatz: Welche Dinge können als Rahmen an den Wänden für Gebautes, Gemaltes oder Gefundenes dienen? Schwemmholz, Pappe, Textiles, Drahtiges, Lego, Naturmaterial oder Fundstücke vom Sperrmüll?

Hinweis: Sicherheit geht vor! Bei allen Ausstellungsprojekten müssen Regeln zum Brandschutz, Fluchtwege und weitere Bedingungen unbedingt vorab mit der Schulleitung, Hausmeister(n) und nicht zuletzt mit dem Träger geklärt werden.

Kunterbunte (Hüpf-)Spiele

Die Idee: Vielleicht erinnern Sie sich noch an Hüpfspiele in Ihrer Schulzeit? Der graue Schulhof wird mit Farbe und kreativen Ideen in ein kunterbuntes Hüpf- und Spielareal verwandelt! Ein tolles Projekt für Aktionstage in der Ferienbetreuung bei bestem Wetter. Neben Klassikern wie „Himmel und Hölle" können Brettspiele in Lebensgröße auf den Schulhof übertragen werden

- **Material:** Dispersions-Volltonfarbe, Malerkrepp, Straßenmalkreide, Vorlagen für Hüpfspiele, Malerpinsel- und Rollen, Malerkleidung

Vorbereitung: Rufen Sie einen Ideen-Wettbewerb aus: Gemaltes, Ausgedrucktes, Ideen und Vorschläge z. B. auf einer Wäscheleine vorab sammeln und gemeinsam abstimmen.

Ideen und Vorhaben dem Schulleitungs-Team vorstellen und abstimmen.

Hinweis: Den Platz für das Hüpfspiel mit einem Hochdruckreiniger absprühen, sodass die Farbe auf sauberem Grund aufgetragen werden kann und lange hält.

Los geht's!

Wichtig: schönes Wetter und genug Trocknungszeit

- Hüpfspiele und Spielfelder mit Straßenmalkreide aufzeichnen. Die Ränder, Abteile, Linien etc. mit Malerkrepp abkleben.
- Danach mit Volltonfarbe Felder, Linien, Markierungen aufmalen; hier bei Bedarf mehrmals streichen, bis die Farbe deckend aufgetragen ist.

Tipp: So können „Hinkebein"-Tiere und -Raketen, Himmel-und-Hölle-Hüpfspiele, Dartscheiben, Twister, Weitsprung-Areale, Mensch-Ärgere-Dich-Nicht, ein großes Schachfeld bis hin zu einem kunterbunten Parcours entstehen. Ein gemeinsamer Crash-Kurs bietet sich an zum Kennenlernen der Hüpf- bzw. Pausenhof-Spiele.

Hinweis: Ein paar Spiele benötigen zusätzliche Materialien wie Hütchen, Schaumstoff-Würfel, „Twister"-Drehscheibe etc.

Buchdiamant

Die Idee: „Aus Alt mach Neu oder Anders" trifft hier wunderbar zu: Aus einem alten Buch entsteht ein einzigartiger Buchdiamant.

- **Material:** Bücher, Cutter-Messer, Schere, (Heiß-)Kleber, Schnur; evtl. Perlen, Knöpfe, Fundstücke

Los geht's!

- Den Einband des Buchs (mind. 300 Seiten) mit einem Cuttermesser (Hardcover) entfernen. Bei einem Softcover lässt sich der Einband abreißen.
- Nun beginnt das Faltvergnügen: Die Ecken der Buchseiten jeweils Richtung Bindung falten und glattdrücken. Der Schriftansatz kann als Hilfslinie dienen: Die Seiten nur bis dorthin falten und ca. 1 cm Abstand zur Innenseite des Buchs lassen.

- Sind so viele gefaltete Seiten entstanden, dass sich die Seiten auf 360 Grad aufspannen, kann der Rest des Buches mit einem Cuttermesser abgetrennt werden.
- Als Aufhängung eignen sich eine feste Schnur, an die Perlen o. Ä. angebracht werden können.
- Festkleben: Das Buch an der letzten / ersten Seite aufspannen und (Heiß-) Kleber auf die entstandene Rille im Buchrücken auftragen; darin die Aufhängung einkleben und fest zusammendrücken.

Tipp: Ein „halber“ Buchdiamant (Buch mit weniger Seiten) kann als Notizzettel-Halter oder als Kunst-Objekt in einem Bilderrahmen genutzt werden. Weitere Inspirationen gibt es im Netz unter „Buchornamente“ und „Buchdiamanten“.